ESSAIS

D'IMPRESSIONS

EN COULEURS.

M. DCC. LXXX.

ESSAIS

D'IMPRESSIONS

EN COULEURS.

M. DCC. LXXX.

VRAI MIROIR D'UN CHARTREUX.

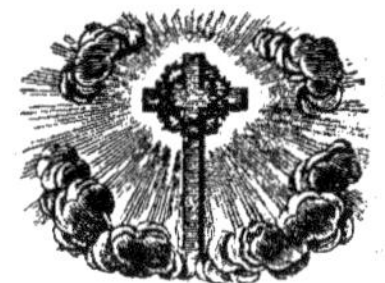

AUSSITÔT qu'on t'éveillera,
Tu te leveras promptement.
De ton cœur tu consacreras
A Dieu le premier mouvement.
Tes œuvres tu dirigeras
A son honneur uniquement.
Sa grace tu demanderas,
Pour passer le jour saintement.
Quelque priere tu feras,
En t'habillant modestement.
Tes actions tu prévoiras,
Pour agir en tout prudemment
A l'heure tu réciteras
Ton office attentivement.
Chaque jour tu témoigneras
A MARIE un saint dévouement.
Ses grandeurs tu contempleras,
Pour en louer le Tout-puissant.
Aux autres tu inspireras
Pour elle un tendre attachement.
Tes saints Patrons invoqueras,
Ton bon Ange pareillement.
Au temps marqué tu partiras
Pour le chœur sans retardement.
Au Saint-Sacrement tu rendras
Ton hommage sincérement.
Plein de foi tu assisteras
A la Messe dévotement.
Toujours quand tu communieras,
Tu le feras très - fervemment.
Tous les jours la Messe diras
Avec un pieux tremblement.
Alors tu renouvelleras
A Dieu tes vœux joyeusement.
Pour tous ses dons tu lui rendras
Graces continuellement.
A l'Oratoire tu feras
Ton Oraison discrétement.
Pour tes lectures tu suivras
De point en point ton réglement.
Souvent conseil demanderas,
Pour éviter l'égarement.
En rien tu ne te chercheras,
Mais Dieu en tout absolument.

Dans ton ame tu nourriras
Toujours quelque bon sentiment.
Dieu présent toujours tu auras,
Mais au chœur principalement.
A l'Office tu chanteras
Sans un lâche ménagement.
Aux lieux réguliers tu seras
Dans un maintien toujours décent.
Le silence tu n'y rompras
Que par pur besoin seulement.
Au réfectoire tu prendras
Tes repas toujours sobrement.
Sur les mets ne témoigneras
Jamais de mécontentement.
Au travail tu t'occuperas
Sans excès, sans empressement.
La pauvreté tu chériras,
Comme un très-riche ameublement.
De rien tu ne disposeras
Sans ordre, ou sans consentement.
Tous tes meubles tu soigneras
Dans un parfait détachement.
Par vertu tu observeras
La propreté, l'arrangement.
La chasteté tu garderas
En tout point scrupuleusement.
Par amour tu pratiqueras
L'obéissance aveuglément.
Ta régle tu étudieras,
Pour l'observer fidélement.
Tes supérieurs tu traiteras
Toujours respectueusement.
Ta retraite tu aimeras,
Sans en sortir légerement.
Les séculiers tu ne verras
Que par charité seulement.
Avec eux tu converseras
Toujours religieusement.
Au plus tard tu les renverras
Au pardon très - exactement.

A tes parens ne penseras,
Que pour les aimer saintement.
Pour tes confreres tu seras
Humble, doux & compatissant.
Contre eux tu ne conserveras
Jamais aucun ressentiment.
Bon conseil tu leur donneras,
Les aimant pour Dieu tendrement.
Sur ta langue tu veilleras,
Pour la gouverner sagement.
Volontiers tu écouteras,
Et tu parleras rarement.
De tes discours tu banniras
L'égoïsme soigneusement.
Dans ton néant demeureras,
Pour y chercher l'abaissement.
Sans cesse tu mortifieras
Ta volonté, ton jugement.
Pour les charges conserveras
Toujours beaucoup d'éloignement.
De la vie tu supporteras
Les peines courageusement.
A tes défauts déclareras
La guerre sans ménagement.
Ta récollection tu feras
Tous les soirs fort exactement.
Jamais tu ne prolongeras
Les veilles indiscrétement.
En te couchant tu penseras
A la mort sérieusement.
Quand la nuit tu t'éveilleras,
Tu sanctifieras ce moment.
Ton cœur alors tu tourneras
Vers ton Dieu amoureusement.
Dans son sein tu te remettras,
Pour y reposer doucement.
Chaque jour te proposeras
D'agir plus réguliérement.
Dans cette voie tu marcheras
Sans tiédeur, sans relâchement.
C'est ainsi que tu parviendras
A voir Dieu éternellement.
En le voyant tu le loueras,
Et l'aimeras parfaitement.

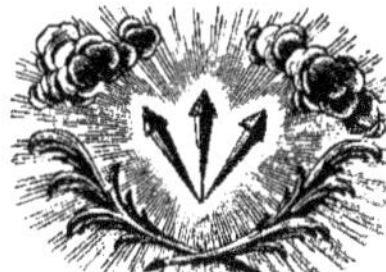

A PARIS, chez P. G. SIMON, Imprimeur du Parlement, 1780.

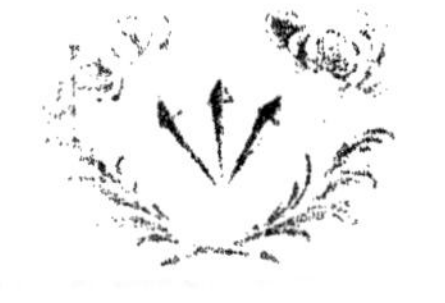

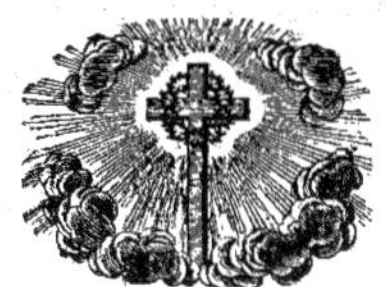

VRAI MIROIR D'UN CHARTREUX.

Aussitôt qu'on t'éveillera,
Tu te leveras promptement.
De ton cœur tu consacreras
A Dieu le premier mouvement.
Tes œuvres tu dirigeras
A son honneur uniquement.
Sa grace tu demanderas,
Pour passer le jour saintement.
Quelque priere tu feras,
En t'habillant modestement.
Tes actions tu prévoiras,
Pour agir en tout prudemment
A l'heure tu réciteras
Ton office attentivement.
Chaque jour tu témoigneras
A Marie un saint dévouement.
Ses grandeurs tu contempleras,
Pour en louer le Tout-puissant.
Aux autres tu inspireras
Pour elle un tendre attachement.
Tes saints Patrons invoqueras,
Ton bon Ange pareillement.
Au temps marqué tu partiras
Pour le chœur sans retardement.
Au Saint-Sacrement tu rendras
Ton hommage sincérement.
Plein de foi tu assisteras
A la Messe dévotement.
Toujours quand tu communieras,
Tu le feras très-fervemment.
Tous les jours la Messe diras
Avec un pieux tremblement.
Alors tu renouvelleras
A Dieu tes vœux joyeusement.
Pour tous ses dons tu lui rendras
Graces continuellement.
A l'Oratoire tu feras
Ton Oraison discrétement.
Pour tes lectures tu suivras
De point en point ton réglement.
Souvent conseil demanderas,
Pour éviter l'égarement.
En rien tu ne te chercheras,
Mais Dieu en tout absolument.

Dans ton ame tu nourriras
Toujours quelque bon sentiment.
Dieu présent toujours tu auras,
Mais au chœur principalement.
A l'Office tu chanteras
Sans un lâche ménagement.
Aux lieux réguliers tu seras
Dans un maintien toujours décent.
Le silence tu n'y rompras
Que par pur besoin seulement.
Au réfectoire tu prendras
Tes repas toujours sobrement.
Sur les mets ne témoigneras
Jamais de mécontentement.
Au travail tu t'occuperas
Sans excès, sans empressement.
La pauvreté tu chériras,
Comme un très-riche ameublement.
De rien tu ne disposeras
Sans ordre, ou sans consentement.
Tous tes meubles tu soigneras
Dans un parfait détachement.
Par vertu tu observeras
La propreté, l'arrangement.
La chasteté tu garderas
En tout point scrupuleusement.
Par amour tu pratiqueras
L'obéissance aveuglément.
Ta régle tu étudieras,
Pour l'observer fidélement.
Tes supérieurs tu traiteras
Toujours respectueusement.
Ta retraite tu aimeras,
Sans en sortir légerement.
Les féculiers tu ne verras
Que par charité seulement.
Avec eux tu converseras
Toujours religieusement.
Au plus tard tu les renverras
Au pardon très-exactement.

A tes parens ne penseras,
Que pour les aimer saintement.
Pour tes confreres tu feras
Humble, doux & compatissant.
Contre eux tu ne conserveras
Jamais aucun ressentiment.
Bon conseil tu leur donneras,
Les aimant pour Dieu tendrement.
Sur ta langue tu veilleras,
Pour la gouverner sagement.
Volontiers tu écouteras,
Et tu parleras rarement.
De tes discours tu banniras
L'égoïsme soigneusement.
Dans ton néant demeureras,
Pour y chercher l'abaissement.
Sans cesse tu mortifieras
Ta volonté, ton jugement.
Pour les charges conserveras
Toujours beaucoup d'éloignement.
De la vie tu supporteras
Les peines courageusement.
A tes défauts déclareras
La guerre sans ménagement.
Ta récollection tu feras
Tous les soirs fort exactement.
Jamais tu ne prolongeras
Les veilles indiscrétement.
En te couchant tu penseras
A la mort sérieusement.
Quand la nuit tu t'éveilleras,
Tu sanctifieras ce moment.
Ton cœur alors tu tourneras
Vers ton Dieu amoureusement.
Dans son sein tu te remettras,
Pour y reposer doucement.
Chaque jour te proposeras
D'agir plus réguliérement.
Dans cette voie tu marcheras
Sans tiédeur, sans relâchement.
C'est ainsi que tu parviendras
A voir Dieu éternellement.
En le voyant tu le loueras,
Et l'aimeras parfaitement.

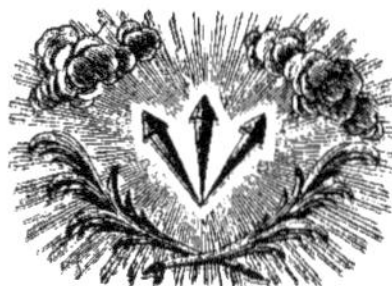

HOC FAC   ET VIVES.

A PARIS, chez P. G. Simon, Imprimeur du Parlement, 1780.

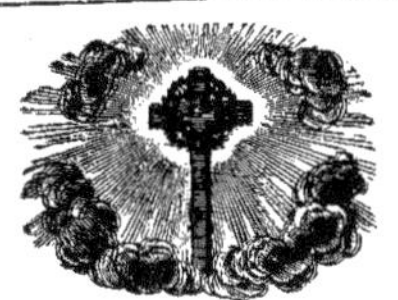

VRAI MIROIR D'UN CHARTREUX.

Aussitôt qu'on t'éveillera ,
Tu te leveras promptement,
De ton cœur tu consacreras
A Dieu le premier mouvement,
Tes œuvres tu dirigeras
A son honneur uniquement,
Sa grace tu demanderas ,
Pour passer le jour saintement.
Quelque priere tu feras ,
En t'habillant modestement.
Tes actions tu prévoiras ,
Pour agir en tout prudemment
A l'heure tu réciteras
Ton office attentivement.
Chaque jour tu témoigneras
A MARIE un saint dévouement.
Ses grandeurs tu contempleras ,
Pour en louer le Tout-puissant.
Aux autres tu inspireras
Pour elle un tendre attachement.
Tes saints Patrons invoqueras ,
Ton bon Ange pareillement.
Au temps marqué tu partiras
Pour le chœur sans retardement.
Au Saint-Sacrement tu rendras
Ton hommage sincérement.
Plein de foi tu assisteras
A la Messe dévotement.
Toujours quand tu communieras ,
Tu le feras très - fervemment.
Tous les jours la Messe diras
Avec un pieux tremblement.
Alors tu renouvelleras
A Dieu tes vœux joyeusement.
Pour tous ses dons tu lui rendras
Graces continuellement.
A l'Oratoire tu feras
Ton Oraison discrétement.
Pour tes lectures tu suivras
De point en point ton réglement.
Souvent conseil demanderas ,
Pour éviter l'égarement.
En rien tu ne te chercheras ,
Mais Dieu en tout absolument.

Dans ton ame tu nourriras
Toujours quelque bon sentiment.
Dieu présent toujours tu auras ,
Mais au chœur principalement.
A l'Office tu chanteras
Sans un lâche ménagement.
Aux lieux réguliers tu seras
Dans un maintien toujours décent.
Le silence tu n'y rompras
Que par pur besoin seulement.
Au réfectoire tu prendras
Tes repas toujours sobrement.
Sur les mets ne témoigneras
Jamais de mécontentement.
Au travail tu t'occuperas
Sans excès , sans empressement.
La pauvreté tu chériras ,
Comme un très-riche ameublement.
De rien tu ne disposeras
Sans ordre , ou sans consentement.
Tous tes meubles tu soigneras
Dans un parfait détachement.
Par vertu tu observeras
La propreté , l'arrangement.
La chasteté tu garderas
En tout point scrupuleusement.
Par amour tu pratiqueras
L'obéissance aveuglément.
Ta régle tu étudieras ,
Pour l'observer fidélement.
Tes supérieurs tu traiteras
Toujours respectueusement.
Ta retraite tu aimeras ,
Sans en sortir légerement.
Les séculiers tu ne verras
Que par charité seulement.
Avec eux tu converseras
Toujours religieusement.
Au plus tard tu les renverras
Au pardon très - exactement.

A tes parens ne penseras ,
Que pour les aimer saintement.
Pour tes confreres tu seras
Humble , doux & compatissant.
Contre eux tu ne conserveras
Jamais aucun ressentiment.
Bon conseil tu leur donneras ,
Les aimant pour Dieu tendrement.
Sur ta langue tu veilleras ,
Pour la gouverner sagement.
Volontiers tu écouteras ,
Et tu parleras rarement.
De tes discours tu banniras
L'égoïsme soigneusement.
Dans ton néant demeureras ,
Pour y chercher l'abaissement.
Sans cesse tu mortifieras
Ta volonté , ton jugement.
Pour les charges conserveras
Toujours beaucoup d'éloignement.
De la vie tu supporteras
Les peines courageusement.
A tes défauts déclareras
La guerre sans ménagement.
Ta récollection tu feras
Tous les soirs fort exactement.
Jamais tu ne prolongeras
Les veilles indiscrétement.
En te couchant tu penseras
A la mort sérieusement.
Quand la nuit tu t'éveilleras ,
Tu sanctifieras ce moment.
Ton cœur alors tu tourneras
Vers ton Dieu amoureusement.
Dans son sein tu te remettras ,
Pour y reposer doucement.
Chaque jour te proposeras
D'agir plus réguliérement.
Dans cette voie tu marcheras
Sans tiédeur , sans relâchement.
C'est ainsi que tu parviendras
A voir Dieu éternellement.
En le voyant tu le loueras ,
Et l'aimeras parfaitement.

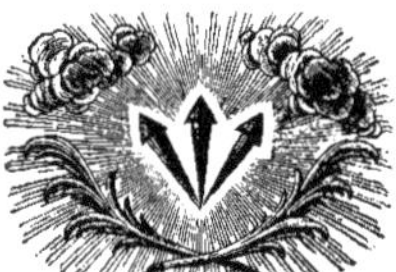

HOC FAC   ET VIVES.

A PARIS, de l'Imprimerie de P. G. SIMON, Imprimeur du Parlement. 1780.

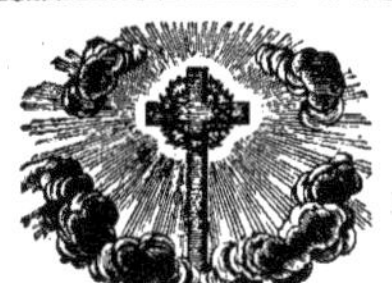

VRAI MIROIR D'UN CHARTREUX.

Aussitôt qu'on t'éveillera,
Tu te leveras promptement.
De ton cœur tu consacreras
A Dieu le premier mouvement.
Tes œuvres tu dirigeras
A son honneur uniquement.
Sa grace tu demanderas,
Pour passer le jour saintement.
Quelque priere tu feras,
En t'habillant modestement.
Tes actions tu prévoiras,
Pour agir en tout prudemment
A l'heure tu réciteras
Ton office attentivement.
Chaque jour tu témoigneras
A Marie un saint dévouement.
Ses grandeurs tu contempleras,
Pour en louer le Tout-puissant.
Aux autres tu inspireras
Pour elle un tendre attachement.
Tes saints Patrons invoqueras,
Ton bon Ange pareillement.
Au temps marqué tu partiras
Pour le chœur sans retardement.
Au Saint-Sacrement tu rendras
Ton hommage sincérement.
Plein de foi tu assisteras
A la Messe dévotement.
Toujours quand tu communieras,
Tu le feras très-fervemment.
Tous les jours la Messe diras
Avec un pieux tremblement.
Alors tu renouvelleras
A Dieu tes vœux joyeusement.
Pour tous ses dons tu lui rendras
Graces continuellement.
A l'Oratoire tu feras
Ton Oraison discrétement.
Pour tes lectures tu suivras
De point en point ton réglement.
Souvent conseil demanderas,
Pour éviter l'égarement.
En rien tu ne te chercheras,
Mais Dieu en tout absolument.

Dans ton ame tu nourriras
Toujours quelque bon sentiment.
Dieu présent toujours tu auras,
Mais au chœur principalement.
A l'Office tu chanteras
Sans un lâche ménagement.
Aux lieux réguliers tu feras
Dans un maintien toujours décent.
Le silence tu n'y rompras
Que par pur besoin seulement.
Au réfectoire tu prendras
Tes repas toujours sobrement.
Sur les mets ne témoigneras
Jamais de mécontentement.
Au travail tu t'occuperas
Sans excès, sans empressement.
La pauvreté tu chériras,
Comme un très-riche ameublement.
De rien tu ne disposeras
Sans ordre, ou sans consentement.
Tous tes meubles tu soigneras
Dans un parfait détachement.
Par vertu tu observeras
La propreté, l'arrangement.
La chasteté tu garderas
En tout point scrupuleusement.
Par amour tu pratiqueras
L'obéissance aveuglément.
Ta régle tu étudieras,
Pour l'observer fidélement.
Tes supérieurs tu traiteras
Toujours respectueusement.
Ta retraite tu aimeras,
Sans en sortir légerement.
Les séculiers tu ne verras
Que par charité seulement.
Avec eux tu converseras
Toujours religieusement.
Au plus tard tu les renverras
Au pardon très-exactement.

A tes parens ne penseras,
Que pour les aimer saintement.
Pour tes confreres tu feras
Humble, doux & compatissant.
Contre eux tu ne conserveras
Jamais aucun ressentiment.
Bon conseil tu leur donneras,
Les aimant pour Dieu tendrement.
Sur ta langue tu veilleras,
Pour la gouverner sagement.
Volontiers tu écouteras,
Et tu parleras rarement.
De tes discours tu banniras
L'égoïsme soigneusement.
Dans ton néant demeureras,
Pour y chercher l'abaissement.
Sans cesse tu mortifieras
Ta volonté, ton jugement.
Pour les charges conserveras
Toujours beaucoup d'éloignement.
De la vie tu supporteras
Les peines courageusement.
A tes défauts déclareras
La guerre sans ménagement.
Ta récollection tu feras
Tous les soirs fort exactement.
Jamais tu ne prolongeras
Les veilles indiscrétement.
En te couchant tu penseras
A la mort sérieusement.
Quand la nuit tu t'éveilleras,
Tu sanctifieras ce moment.
Ton cœur alors tu tourneras
Vers ton Dieu amoureusement.
Dans son sein tu te remettras,
Pour y reposer doucement.
Chaque jour te proposeras
D'agir plus réguliérement.
Dans cette voie tu marcheras
Sans tiédeur, sans relâchement.
C'est ainsi que tu parviendras
A voir Dieu éternellement.
En le voyant tu le loueras,
Et l'aimeras parfaitement.

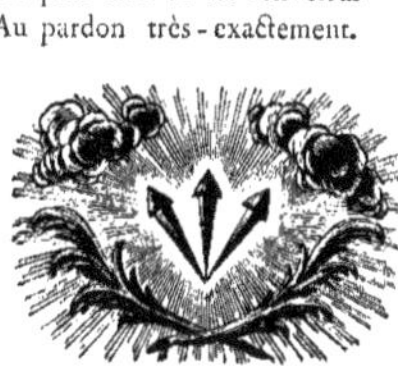

HOC FAC   ET VIVES.

A PARIS, chez P. G. Simon, Imprimeur du Parlement, 1780.

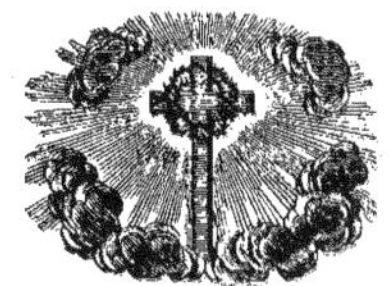

VRAI MIROIR D'UN CHARTREUX.

Aussitôt qu'on t'éveillera,
Tu te leveras promptement.
De ton cœur tu consacreras
A Dieu le premier mouvement.
Tes œuvres tu dirigeras
A son honneur uniquement.
Sa grace tu demanderas,
Pour passer le jour saintement.
Quelque priere tu feras,
En t'habillant modestement.
Tes actions tu prévoiras,
Pour agir en tout prudemment
A l'heure tu réciteras
Ton office attentivement.
Chaque jour tu témoigneras
A Marie un saint dévouement.
Ses grandeurs tu contempleras,
Pour en louer le Tout-puissant.
Aux autres tu inspireras
Pour elle un tendre attachement.
Tes saints Patrons invoqueras,
Ton bon Ange pareillement.
Au temps marqué tu partiras
Pour le chœur sans retardement.
Au Saint-Sacrement tu rendras
Ton hommage sincérement.
Plein de foi tu assisteras
A la Messe dévotement.
Toujours quand tu communieras,
Tu le feras très - fervemment.
Tous les jours la Messe diras
Avec un pieux tremblement.
Alors tu renouvelleras
A Dieu tes vœux joyeusement.
Pour tous ses dons tu lui rendras
Graces continuellement.
A l'Oratoire tu feras
Ton Oraison discrétement.
Pour tes lectures tu suivras
De point en point ton réglement,
Souvent conseil demanderas,
Pour éviter l'égarement.
En rien tu ne te chercheras,
Mais Dieu en tout absolument.

Dans ton ame tu nourriras
Toujours quelque bon sentiment.
Dieu présent toujours tu auras,
Mais au chœur principalement.
A l'Office tu chanteras
Sans un lâche ménagement.
Aux lieux réguliers tu feras
Dans un maintien toujours décent.
Le silence tu n'y rompras
Que par pur besoin seulement.
Au réfectoire tu prendras
Tes repas toujours sobrement.
Sur les mets ne témoigneras
Jamais de mécontentement.
Au travail tu t'occuperas
Sans excès, sans empressement.
La pauvreté tu chériras,
Comme un très-riche ameublement.
De rien tu ne disposeras
Sans ordre, ou sans consentement.
Tous tes meubles tu soigneras
Dans un parfait détachement.
Par vertu tu observeras
La propreté, l'arrangement.
La chasteté tu garderas
En tout point scrupuleusement.
Par amour tu pratiqueras
L'obéissance aveuglément.
Ta régle tu étudieras,
Pour l'observer fidélement.
Tes supérieurs tu traiteras
Toujours respectueusement.
Ta retraite tu aimeras,
Sans en sortir légerement.
Les séculiers tu ne verras
Que par charité seulement.
Avec eux tu converseras
Toujours religieusement.
Au plus tard tu les renverras
Au pardon très - exactement.

A tes parens ne penseras,
Que pour les aimer saintement.
Pour tes confreres tu feras
Humble, doux & compatissant.
Contre eux tu ne conserveras
Jamais aucun ressentiment.
Bon conseil tu leur donneras,
Les aimant pour Dieu tendrement.
Sur ta langue tu veilleras,
Pour la gouverner sagement.
Volontiers tu écouteras,
Et tu parleras rarement.
De tes discours tu banniras
L'égoïsme soigneusement.
Dans ton néant demeureras,
Pour y chercher l'abaissement.
Sans cesse tu mortifieras
Ta volonté, ton jugement.
Pour les charges conserveras
Toujours beaucoup d'éloignement.
De la vie tu supporteras
Les peines courageusement.
A tes défauts déclareras
La guerre sans ménagement.
Ta récollection tu feras
Tous les soirs fort exactement.
Jamais tu ne prolongeras
Les veilles indiscrétement.
En te couchant tu penseras
A la mort sérieusement.
Quand la nuit tu t'éveilleras,
Tu sanctifieras ce moment.
Ton cœur alors tu tourneras
Vers ton Dieu amoureusement.
Dans son sein tu te remettras,
Pour y reposer doucement.
Chaque jour te proposeras
D'agir plus réguliérement.
Dans cette voie tu marcheras
Sans tiédeur, sans relâchement.
C'est ainsi que tu parviendras
A voir Dieu éternellement.
En le voyant tu le loueras,
Et l'aimeras parfaitement.

HOC FAC ET VIVES.

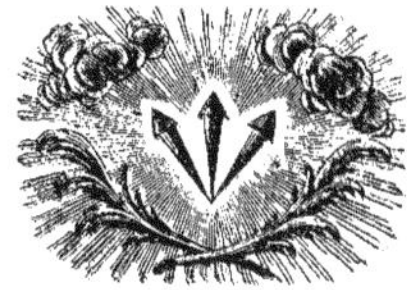

A PARIS, chez P. G. Simon, Imprimeur du Parlement, 1780.

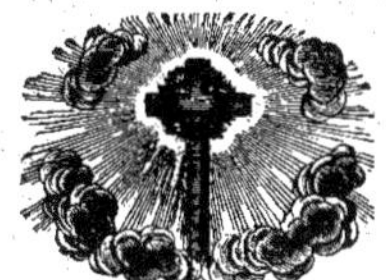

VRAI MIROIR D'UN CHARTREUX.

AUSSITÔT qu'on t'éveillera,
Tu te leveras promptement.
De ton cœur tu consacreras
A Dieu le premier mouvement.
Tes œuvres tu dirigeras
A son honneur uniquement.
Sa grace tu demanderas,
Pour paffer le jour faintement.
Quelque priere tu feras,
En t'habillant modeftement.
Tes actions tu prévoiras,
Pour agir en tout prudemment
A l'heure tu réciteras
Ton office attentivement.
Chaque jour tu témoigneras
A MARIE un faint dévouement.
Ses grandeurs tu contempleras,
Pour en louer le Tout-puiffant.
Aux autres tu infpireras
Pour elle un tendre attachement.
Tes faints Patrons invoqueras,
Ton bon Ange pareillement.
Au temps marqué tu partiras
Pour le chœur fans retardement.
Au Saint-Sacrement tu rendras
Ton hommage fincérement.
Plein de foi tu affifteras
A la Meffe dévotement.
Toujours quand tu communieras,
Tu le feras très - fervemment.
Tous les jours la Meffe diras
Avec un pieux tremblement.
Alors tu renouvelleras
A Dieu tes vœux joyeufement.
Pour tous fes dons tu lui rendras
Graces continuellement.
A l'Oratoire tu feras
Ton Oraifon difcrétement.
Pour tes lectures tu fuivras
De point en point ton réglement.
Souvent confeil demanderas,
Pour éviter l'égarement.
En rien tu ne te chercheras,
Mais Dieu en tout abfolument.

Dans ton ame tu nourriras
Toujours quelque bon fentiment.
Dieu préfent toujours tu auras,
Mais au chœur principalement.
A l'Office tu chanteras
Sans un lâche ménagement.
Aux lieux réguliers tu feras
Dans un maintien toujours décent.
Le filence tu n'y rompras
Que par pur befoin feulement.
Au réfectoire tu prendras
Tes repas toujours fobrement.
Sur les mets ne témoigneras
Jamais de mécontentement.
Au travail tu t'occuperas
Sans excès, fans empreffement.
La pauvreté tu chériras,
Comme un très-riche ameublement.
De rien tu ne difpoferas
Sans ordre, ou fans confentement.
Tous tes meubles tu foigneras
Dans un parfait détachement.
Par vertu tu obferveras
La propreté, l'arrangement.
La chafteté tu garderas
En tout point fcrupuleufement.
Par amour tu pratiqueras
L'obéiffance aveuglément.
Ta régle tu étudieras,
Pour l'obferver fidélement.
Tes fupérieurs tu traiteras
Toujours refpectueufement.
Ta retraite tu aimeras,
Sans en fortir légerement.
Les féculiers tu ne verras
Que par charité feulement.
Avec eux tu converferas
Toujours religieufement.
Au plus tard tu les renverras
Au pardon très - exactement.

A tes parens ne penferas,
Que pour les aimer faintement.
Pour tes confreres tu feras
Humble, doux & compatiffant.
Contre eux tu ne conferveras
Jamais aucun reffentiment.
Bon confeil tu leur donneras,
Les aimant pour Dieu tendrement.
Sur ta langue tu veilleras,
Pour la gouverner fagement.
Volontiers tu écouteras,
Et tu parleras rarement.
De tes difcours tu banniras
L'égoïfme foigneufement.
Dans ton néant demeureras,
Pour y chercher l'abaiffement.
Sans ceffe tu mortifieras
Ta volonté, ton jugement.
Pour les charges conferveras
Toujours beaucoup d'éloignement.
De la vie tu fupporteras
Les peines courageufement.
A tes défauts déclareras
La güerre fans ménagement.
Ta récollection tu feras
Tous les foirs fort exactement.
Jamais tu ne prolongeras
Les veilles indifcrétement.
En te couchant tu penferas
A la mort férieufement.
Quand la nuit tu t'éveilleras,
Tu fanctifieras ce moment.
Ton cœur alors tu tourneras
Vers ton Dieu amoureufement.
Dans fon fein tu te remettras,
Pour y repofer doucement.
Chaque jour te propoferas
D'agir plus réguliérement.
Dans cette voie tu marcheras
Sans tiédeur, fans relâchement.
C'eft ainfi que tu parviendras
A voir Dieu éternellement.
En le voyant tu le loueras,
Et l'aimeras parfaitement.

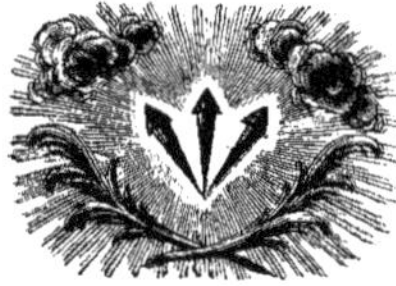

HOC FAC   ET VIVES.

A PARIS, de l'Imprimerie de P. G. SIMON, Imprimeur du Parlement. 1780.

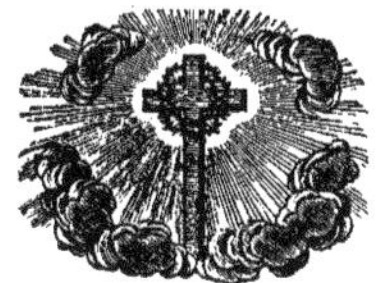

VRAI MIROIR D'UN CHARTREUX.

Aussitôt qu'on t'éveillera,
Tu te leveras promptement.
De ton cœur tu consacreras
A Dieu le premier mouvement.
Tes œuvres tu dirigeras
A son honneur uniquement.
Sa grace tu demanderas ;
Pour passer le jour saintement.
Quelque priere tu feras ,
En t'habillant modestement.
Tes actions tu prévoiras ,
Pour agir en tout prudemment
A l'heure tu réciteras
Ton office attentivement.
Chaque jour tu témoigneras
A Marie un saint dévouement.
Ses grandeurs tu contempleras ,
Pour en louer le Tout-puissant.
Aux autres tu inspireras
Pour elle un tendre attachement.
Tes saints Patrons invoqueras ,
Ton bon Ange pareillement.
Au temps marqué tu partiras
Pour le chœur sans retardement.
Au Saint-Sacrement tu rendras
Ton hommage sincérement.
Plein de foi tu assisteras
A la Messe dévotement.
Toujours quand tu communieras ,
Tu le feras très - fervemment.
Tous les jours la Messe diras
Avec un pieux tremblement.
Alors tu renouvelleras
A Dieu tes vœux joyeusement.
Pour tous, ses dons tu lui rendras
Graces continuellement.
A l'Oratoire tu feras
Ton Oraison discrétement.
Pour tes lectures tu suivras
De point en point ton réglement.
Souvent conseil demanderas ,
Pour éviter l'égarement.
En rien tu ne te chercheras ,
Mais Dieu en tout absolument.

Dans ton ame tu nourriras
Toujours quelque bon sentiment.
Dieu présent toujours tu auras ,
Mais au chœur principalement.
A l'Office tu chanteras
Sans un lâche ménagement.
Aux lieux réguliers tu feras
Dans un maintien toujours décent.
Le silence tu n'y rompras
Que par pur besoin seulement.
Au réfectoire tu prendras
Tes repas toujours sobrement.
Sur les mets ne témoigneras
Jamais de mécontentement.
Au travail tu t'occuperas
Sans excès , sans empressement.
La pauvreté tu chériras ,
Comme un très-riche ameublement.
De rien tu ne disposeras
Sans ordre , ou sans consentement.
Tous tes meubles tu soigneras
Dans un parfait détachement.
Par vertu tu observeras
La propreté , l'arrangement.
La chasteté tu garderas
En tout point scrupuleusement.
Par amour tu pratiqueras
L'obéissance aveuglément.
Ta régle tu étudieras ,
Pour l'observer fidélement.
Tes supérieurs tu traiteras
Toujours respectueusement.
Ta retraite tu aimeras ,
Sans en sortir légerement.
Les séculiers tu ne verras
Que par charité seulement.
Avec eux tu converseras
Toujours religieusement.
Au plus tard tu les renverras
Au pardon très - exactement.

A tes parens ne penseras ,
Que pour les aimer saintement.
Pour tes confreres tu feras
Humble , doux & compatissant.
Contre eux tu ne conserveras
Jamais aucun ressentiment.
Bon conseil tu leur donneras ,
Les aimant pour Dieu tendrement.
Sur ta langue tu veilleras ,
Pour la gouverner sagement.
Volontiers tu écouteras ,
Et tu parleras rarement.
De tes discours tu banniras
L'égoïsme soigneusement.
Dans ton néant demeureras ,
Pour y chercher l'abaissement.
Sans cesse tu mortifieras
Ta volonté , ton jugement.
Pour les charges conserveras
Toujours beaucoup d'éloignement.
De la vie tu supporteras
Les peines courageusement.
A tes défauts déclareras
La guerre sans ménagement.
Ta récollection tu feras
Tous les soirs fort exactement.
Jamais tu ne prolongeras
Les veilles indiscrétement.
En te couchant tu penseras
A la mort sérieusement.
Quand la nuit tu t'éveilleras ,
Tu sanctifieras ce moment.
Ton cœur alors tu tourneras
Vers ton Dieu amoureusement.
Dans son sein tu te remettras ,
Pour y reposer doucement.
Chaque jour te proposeras
D'agir plus réguliérement.
Dans cette voie tu marcheras
Sans tiédeur , sans relâchement.
C'est ainsi que tu parviendras
A voir Dieu éternellement.
En le voyant tu le loueras ,
Et l'aimeras parfaitement.

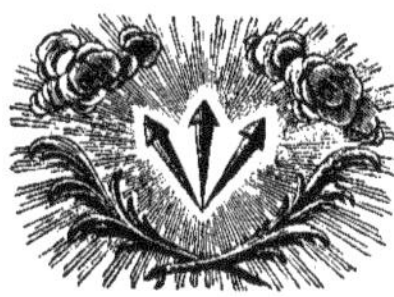

HOC FAC   ET VIVES.

A PARIS, chez P. G. Simon, Imprimeur du Parlement, 1780.

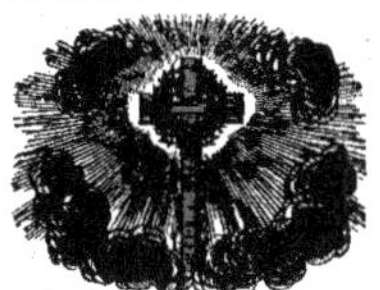

VRAI MIROIR D'UN CHARTREUX.

Aussitôt qu'on t'éveillera,
Tu te leveras promptement.
De ton cœur tu consacreras
A Dieu le premier mouvement.
Tes œuvres tu dirigerás
A son honneur uniquement.
Sa grace tu demanderas,
Pour passer le jour saintement.
Quelque priere tu feras,
En t'habillant modestement.
Tes actions tu prévoiras,
Pour agir en tout prudemment
A l'heure tu réciteras
Ton office attentivement.
Chaque jour tu témoigneras
A Marie un saint dévouement.
Ses grandeurs tu contempleras,
Pour en louer le Tout-puissant.
Aux autres tu inspireras
Pour elle un tendre attachement.
Tes saints Patrons invoqueras,
Ton bon Ange pareillement.
Au temps marqué tu partiras
Pour le chœur sans retardement.
Au Saint-Sacrement tu rendras
Ton hommage sincérement.
Plein de foi tu assisteras
A la Messe dévotement.
Toujours quand tu communieras,
Tu le feras très-fervemment.
Tous les jours la Messe diras
Avec un pieux tremblement.
Alors tu renouvelleras
A Dieu tes vœux joyeusement.
Pour tous ses dons tu lui rendras
Graces continuellement.
A l'Oratoire tu feras
Ton Oraison discrétement.
Pour tes lectures tu suivras
De point en point ton réglement.
Souvent conseil demanderas,
Pour éviter l'égarement.
En rien tu ne te chercheras,
Mais Dieu en tout absolument.

Dans ton ame tu nourriras
Toujours quelque bon sentiment.
Dieu présent toujours tu auras,
Mais au chœur principalement.
A l'Office tu chanteras
Sans un lâche ménagement.
Aux lieux réguliers tu feras
Dans un maintien toujours décent.
Le silence tu n'y rompras
Que par pur besoin seulement.
Au réfectoire tu prendras
Tes repas toujours sobrement.
Sur les mets ne témoigneras
Jamais de mécontentement.
Au travail tu t'occuperas
Sans excès, sans empressement.
La pauvreté tu chériras,
Comme un très-riche ameublement.
De rien tu ne disposeras
Sans ordre, ou sans consentement.
Tous tes meubles tu soigneras
Dans un parfait détachement.
Par vertu tu observeras
La propreté, l'arrangement.
La chasteté tu garderas
En tout point scrupuleusement.
Par amour tu pratiqueras
L'obéissance aveuglément.
Ta régle tu étudieras,
Pour l'observer fidélement.
Tes supérieurs tu traiteras
Toujours respectueusement.
Ta retraite tu aimeras,
Sans en sortir légerement.
Les séculiers tu ne verras
Que par charité seulement.
Avec eux tu converseras
Toujours religieusement.
Au plus tard tu les renverras
Au pardon très-exactement.

A tes parens ne penseras,
Que pour les aimer saintement.
Pour tes confreres tu seras
Humble, doux & compatissant.
Contre eux tu ne conserveras
Jamais aucun ressentiment.
Bon conseil tu leur donneras,
Les aimant pour Dieu tendrement.
Sur ta langue tu veilleras,
Pour la gouverner sagement.
Volontiers tu écouteras,
Et tu parleras rarement.
De tes discours tu banniras
L'égoïsme soigneusement.
Dans ton néant demeureras,
Pour y chercher l'abaissement.
Sans cesse tu mortifieras
Ta volonté, ton jugement.
Pour les charges conserveras
Toujours beaucoup d'éloignement.
De la vie tu supporteras
Les peines courageusement.
A tes défauts déclareras
La guerre sans ménagement.
Ta récollection tu feras
Tous les soirs fort exactement.
Jamais tu ne prolongeras
Les veilles indiscrétement.
En te couchant tu penseras
A la mort sérieusement.
Quand la nuit tu t'éveilleras,
Tu sanctifieras ce moment.
Ton cœur alors tu tourneras
Vers ton Dieu amoureusement.
Dans son sein tu te remettras,
Pour y reposer doucement.
Chaque jour te proposeras
D'agir plus réguliérement.
Dans cette voie tu marcheras
Sans tiédeur, sans relâchement.
C'est ainsi que tu parviendras
A voir Dieu éternellement.
En le voyant tu le loueras,
Et l'aimeras parfaitement.

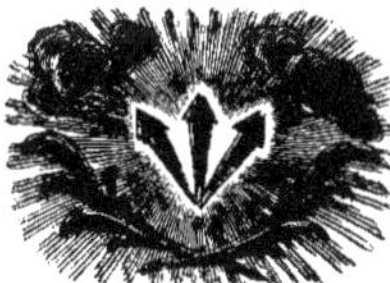

HOC FAC   ET VIVES.

A PARIS, de l'Imprimerie de P. G. SIMON Imprimeur du Parlement. 1780.

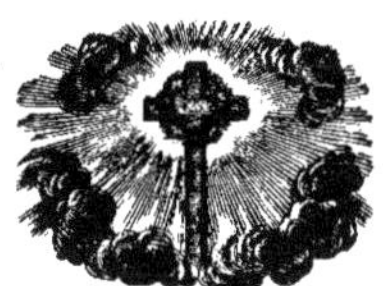

VRAI MIROIR D'UN CHARTREUX.

Aussitôt qu'on t'éveillera,
Tu te leveras promptement.
De ton cœur tu confacreras
A Dieu le premier mouvement.
Tes œuvres tu dirigeras
A fon honneur uniquement.
Sa grace tu demanderas,
Pour paffer le jour faintement.
Quelque priere tu feras,
En t'habillant modeftement.
Tes actions tu prévoiras,
Pour agir en tout prudemment
A l'heure tu réciteras
Ton office attentivement.
Chaque jour tu témoigneras
A MARIE un faint dévouement.
Ses grandeurs tu contempleras,
Pour en louer le Tout-puiffant.
Aux autres tu infpireras
Pour elle un tendre attachement.
Tes faints Patrons invoqueras,
Ton bon Ange pareillement.
Au temps marqué tu partiras
Pour le chœur fans retardement.
Au Saint-Sacrement tu rendras
Ton hommage fincérement.
Plein de foi tu affifteras
A la Meffe dévotement.
Toujours quand tu communieras,
Tu le feras très-fervemment.
Tous les jours la Meffe diras
Avec un pieux tremblement.
Alors tu renouvelleras
A Dieu tes vœux joyeufement.
Pour tous fes dons tu lui rendras
Graces continuellement.
A l'Oratoire tu feras
Ton Oraifon difcrétement.
Pour tes lectures tu fuivras
De point en point ton réglement,
Souvent confeil demanderas,
Pour éviter l'égarement.
En rien tu ne te chercheras,
Mais Dieu en tout abfolument.

Dans ton ame tu nourriras
Toujours quelque bon fentiment.
Dieu préfent toujours tu auras,
Mais au chœur principalement.
A l'Office tu chanteras
Sans un lâche ménagement.
Aux lieux réguliers tu feras
Dans un maintien toujours décent.
Le filence tu n'y rompras
Que par pur befoin feulement.
Au réfectoire tu prendras
Tes repas toujours fobrement.
Sur les mets ne témoigneras
Jamais de mécontentement.
Au travail tu t'occuperas
Sans excès, fans empreffement.
La pauvreté tu chériras,
Comme un très-riche ameublement.
De rien tu ne difpoferas
Sans ordre, ou fans confentement.
Tous tes meubles tu foigneras
Dans un parfait détachement.
Par vertu tu obferveras
La propreté, l'arrangement.
La chafteté tu garderas
En tout point fcrupuleufement.
Par amour tu pratiqueras
L'obéiffance aveuglément.
Ta régle tu étudieras,
Pour l'obferver fidélement.
Tes fupérieurs tu traiteras
Toujours refpectueufement.
Ta retraite tu aimeras,
Sans en fortir légerement.
Les féculiers tu ne verras
Que par charité feulement.
Avec eux tu converferas
Toujours religieufement.
Au plus tard tu les renverras
Au pardon très-exactement.

A tes parens ne penferas,
Que pour les aimer faintement.
Pour tes confreres tu feras
Humble, doux & compatiffant.
Contre eux tu ne conferveras
Jamais aucun reffentiment.
Bon confeil tu leur donneras,
Les aimant pour Dieu tendrement.
Sur ta langue tu veilleras,
Pour la gouverner fagement.
Volontiers tu écouteras,
Et tu parleras rarement.
De tes difcours tu banniras
L'égoïfme foigneufement.
Dans ton néant demeureras,
Pour y chercher l'abaiffement.
Sans ceffe tu mortifieras
Ta volonté, ton jugement.
Pour les charges conferveras
Toujours beaucoup d'éloignement.
De la vie tu fupporteras
Les peines courageufement.
A tes défauts déclareras
La guerre fans ménagement.
Ta récollection tu feras
Tous les foirs fort exactement.
Jamais tu ne prolongeras
Les veilles indifcrétement.
En te couchant tu penferas
A la mort férieufement.
Quand la nuit tu t'éveilleras,
Tu fanctifieras ce moment.
Ton cœur alors tu tourneras
Vers ton Dieu amoureufement.
Dans fon fein tu te remettras,
Pour y repofer doucement.
Chaque jour te propoferas
D'agir plus régulièrement.
Dans cette voie tu marcheras
Sans tiédeur, fans relâchement.
C'eft ainfi que tu parviendras
A voir Dieu éternellement.
En le voyant tu le loueras,
Et l'aimeras parfaitement.

A PARIS, chez P. G. SIMON, Imprimeur du Parlement, 1780.

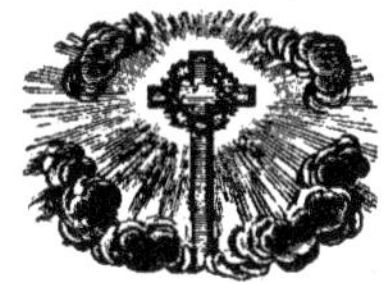

VRAI MIROIR D'UN CHARTREUX.

A USSITÔT qu'on t'éveillera ,
 Tu te leveras promptement.
De ton cœur tu confacreras
A Dieu le premier mouvement.
Tes œuvres tu dirigeras
A fon honneur uniquement.
Sa grace tu demanderas ,
Pour paffer le jour faintement.
Quelque priere tu feras ,
En t'habillant modeftement.
Tes actions tu prévoiras ,
Pour agir en tout prudemment
A l'heure tu réciteras
Ton office attentivement.
Chaque jour tu témoigneras
A MARIE un faint dévouement.
Ses grandeurs tu contempleras ,
Pour en louer le Tout-puiffant.
Aux autres tu infpireras
Pour elle un tendre attachement.
Tes faints Patrons invoqueras ,
Ton bon Ange pareillement.
Au temps marqué tu partiras
Pour le chœur fans retardement.
Au Saint-Sacrement tu rendras
Ton hommage fincérement.
Plein de foi tu affifteras
A la Meffe dévotement.
Toujours quand tu communieras ,
Tu le feras très - fervemment.
Tous les jours la Meffe diras
Avec un pieux tremblement.
Alors tu renouvelleras
A Dieu tes vœux joyeufement.
Pour tous fes dons tu lui rendras
Graces continuellement.
A l'Oratoire tu feras
Ton Oraifon difcrétement.
Pour tes lectures tu fuivras
De point en point ton réglement.
Souvent confeil demanderas ,
Pour éviter l'égarement.
En rien tu ne te chercheras ,
Mais Dieu en tout abfolument.

Dans ton ame tu nourriras
Toujours quelque bon fentiment.
Dieu préfent toujours tu auras ,
Mais au chœur principalement.
A l'Office tu chanteras
Sans un lâche ménagement.
Aux lieux réguliers tu feras
Dans un maintien toujours décent.
Le filence tu n'y rompras
Que par pur befoin feulement.
Au réfectoire tu prendras
Tes repas toujours fobrement.
Sur les mets ne témoigneras
Jamais de mécontentement.
Au travail tu t'occuperas
Sans excès , fans empreffement.
La pauvreté tu chériras ,
Comme un très-riche ameublement.
De rien tu ne difpoferas
Sans ordre , ou fans confentement.
Tous tes meubles tu foigneras
Dans un parfait détachement.
Par vertu tu obferveras
La propreté , l'arrangement.
La chafteté tu garderas
En tout point fcrupuleufement.
Par amour tu pratiqueras
L'obéiffance aveuglément.
Ta régle tu étudieras ,
Pour l'obferver fidélement.
Tes fupérieurs tu traiteras
Toujours refpectueufement.
Ta retraite tu aimeras ,
Sans en fortir légerement.
Les féculiers tu ne verras
Que par charité feulement.
Avec eux tu converferas
Toujours religieufement.
Au plus tard tu les renverras
Au pardon très - exactement.

A tes parens ne penferas ,
Que pour les aimer faintement.
Pour tes confreres tu feras
Humble , doux & compatiffant.
Contre eux tu ne conferveras
Jamais aucun reffentiment.
Bon confeil tu leur donneras ,
Les aimant pour Dieu tendrement.
Sur ta langue tu veilleras ,
Pour la gouverner fagement.
Volontiers tu écouteras ,
Et tu parleras rarement.
De tes difcours tu banniras
L'égoïfme foigneufement.
Dans ton néant demeureras ,
Pour y chercher l'abaiffement.
Sans ceffe tu mortifieras
Ta volonté , ton jugement.
Pour les charges conferveras
Toujours beaucoup d'éloignement.
De la vie tu fupporteras
Les peines courageufement.
A tes défauts déclareras
La guerre fans ménagement.
Ta récollection tu feras
Tous les foirs fort exactement.
Jamais tu ne prolongeras
Les veilles indifcrétement.
En te couchant tu penferas
A la mort férieufement.
Quand la nuit tu t'éveilleras ,
Tu fanctifieras ce moment.
Ton cœur alors tu tourneras
Vers ton Dieu amoureufement.
Dans fon fein tu te remettras ,
Pour y repofer doucement.
Chaque jour te propoferas
D'agir plus réguliérement.
Dans cette voie tu marcheras
Sans tiédeur , fans relâchement.
C'eft ainfi que tu parviendras
A voir Dieu éternellement.
En le voyant tu le loueras ,
Et l'aimeras parfaitement.

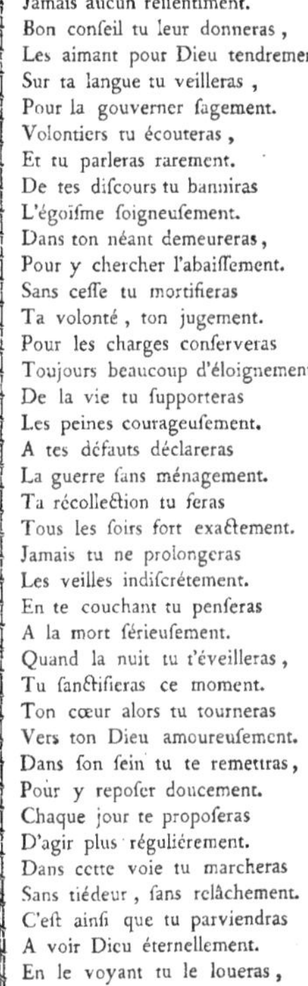

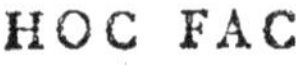

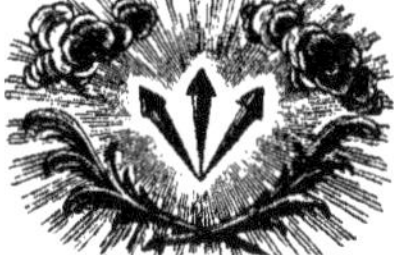

HOC FAC   ET VIVES.

A PARIS, chez P. G. SIMON, Imprimeur du Parlement, 1780.

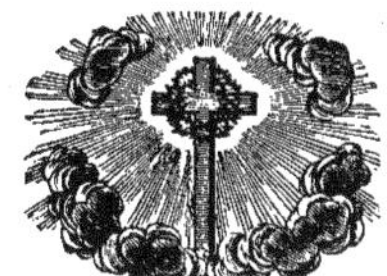

VRAI MIROIR D'UN CHARTREUX.

Aussitôt qu'on t'éveillera,
Tu te leveras promptement.
De ton cœur tu confacreras
A Dieu le premier mouvement.
Tes œuvres tu dirigeras
A fon honneur uniquement.
Sa grace tu demanderas,
Pour paffer le jour faintement.
Quelque priere tu feras,
En t'habillant modeftement.
Tes actions tu prévoiras,
Pour agir en tout prudemment
A l'heure tu réciteras
Ton office attentivement.
Chaque jour tu témoigneras
A Marie un faint dévouement.
Ses grandeurs tu contempleras,
Pour en louer le Tout-puiffant.
Aux autres tu infpireras
Pour elle un tendre attachement.
Tes faints Patrons invoqueras,
Ton bon Ange pareillement.
Au temps marqué tu partiras
Pour le chœur fans retardement.
Au Saint-Sacrement tu rendras
Ton hommage fincérement.
Plein de foi tu affifteras
A la Meffe dévotement.
Toujours quand tu communieras,
Tu le feras très - fervemment.
Tous les jours la Meffe diras
Avec un pieux tremblement.
Alors tu renouvelleras
A Dieu tes vœux joyeufement.
Pour tous fes dons tu lui rendras
Graces continuellement.
A l'Oratoire tu feras
Ton Oraifon difcrétement.
Pour tes lectures tu fuivras
De point en point ton réglement.
Souvent confeil demanderas,
Pour éviter l'égarement.
En rien tu ne te chercheras,
Mais Dieu en tout abfolument.

Dans ton ame tu nourriras
Toujours quelque bon fentiment.
Dieu préfent toujours tu auras,
Mais au chœur principalement.
A l'Office tu chanteras
Sans un lâche ménagement.
Aux lieux réguliers tu feras
Dans un maintien toujours décent.
Le filence tu n'y rompras
Que par pur befoin feulement.
Au réfectoire tu prendras
Tes repas toujours fobrement.
Sur les mets ne témoigneras
Jamais de mécontentement.
Au travail tu t'occuperas
Sans excès, fans empreffement.
La pauvreté tu chériras,
Comme un très-riche ameublement.
De rien tu ne difpoferas
Sans ordre, ou fans confentement.
Tous tes meubles tu foigneras
Dans un parfait détachement.
Par vertu tu obferveras
La propreté, l'arrangement.
La chafteté tu garderas
En tout point fcrupuleufement.
Par amour tu pratiqueras
L'obéiffance aveuglément.
Ta régle tu étudieras,
Pour l'obferver fidélement.
Tes fupérieurs tu traiteras
Toujours refpectueufement.
Ta retraite tu aimeras,
Sans en fortir légerement.
Les féculiers tu ne verras
Que par charité feulement.
Avec eux tu converferas
Toujours religieufement.
Au plus tard tu les renverras
Au pardon très - exactement.

A tes parens ne penferas,
Que pour les aimer faintement.
Pour tes confreres tu feras
Humble, doux & compatiffant.
Contre eux tu ne conferveras
Jamais aucun reffentiment.
Bon confeil tu leur donneras,
Les aimant pour Dieu tendrement.
Sur ta langue tu veilleras,
Pour la gouverner fagement.
Volontiers tu écouteras,
Et tu parleras rarement.
De tes difcours tu banniras
L'égoïfme foigneufement.
Dans ton néant demeureras,
Pour y chercher l'abaiffement.
Sans ceffe tu mortifieras
Ta volonté, ton jugement.
Pour les charges conferveras
Toujours beaucoup d'éloignement.
De la vie tu fupporteras
Les peines courageufement.
A tes défauts déclareras
La guerre fans ménagement.
Ta récollection tu feras
Tous les foirs fort exactement.
Jamais tu ne prolongeras
Les veilles indifcrétement.
En te couchant tu penferas
A la mort férieufement.
Quand la nuit tu t'éveilleras,
Tu fanctifieras ce moment.
Ton cœur alors tu tourneras
Vers ton Dieu amoureufement.
Dans fon fein tu te remettras,
Pour y repofer doucement.
Chaque jour te propoferas
D'agir plus réguliérement.
Dans cette voie tu marcheras
Sans tiédeur, fans relâchement.
C'eft ainfi que tu parviendras
A voir Dieu éternellement.
En le voyant tu le loueras,
Et l'aimeras parfaitement.

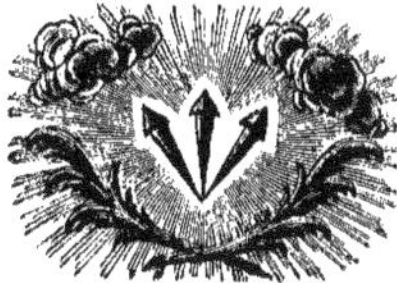

HOC FAC   ET VIVES.

A PARIS, chez P. G. Simon, Imprimeur du Parlement, 1780.

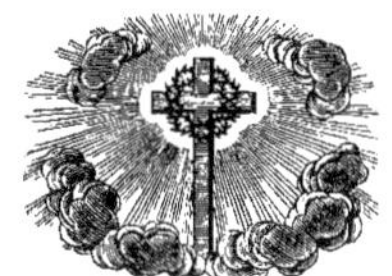

VRAI MIROIR D'UN CHARTREUX.

Aussitôt qu'on t'éveillera,
Tu te leveras promptement.
De ton cœur tu consacreras
A Dieu le premier mouvement.
Tes œuvres tu dirigeras
A son honneur uniquement.
Sa grace tu demanderas,
Pour passer le jour saintement.
Quelque priere tu feras,
En t'habillant modestement.
Tes actions tu prévoiras,
Pour agir en tout prudemment
A l'heure tu réciteras
Ton office attentivement.
Chaque jour tu témoigneras
A Marie un saint dévouement.
Ses grandeurs tu contempleras,
Pour en louer le Tout-puissant.
Aux autres tu inspireras
Pour elle un tendre attachement.
Tes saints Patrons invoqueras,
Ton bon Ange pareillement.
Au temps marqué tu partiras
Pour le chœur sans retardement.
Au Saint-Sacrement tu rendras
Ton hommage sincérement.
Plein de foi tu assisteras
A la Messe dévotement.
Toujours quand tu communieras,
Tu le feras très-fervemment.
Tous les jours la Messe diras
Avec un pieux tremblement.
Alors tu renouvelleras
A Dieu tes vœux joyeusement.
Pour tous ses dons tu lui rendras
Graces continuellement.
A l'Oratoire tu feras
Ton Oraison discrétement.
Pour tes lectures tu suivras
De point en point ton réglement.
Souvent conseil demanderas,
Pour éviter l'égarement.
En rien tu ne te chercheras,
Mais Dieu en tout absolument.

Dans ton ame tu nourriras
Toujours quelque bon sentiment.
Dieu présent toujours tu auras,
Mais au chœur principalement.
A l'Office tu chanteras
Sans un lâche ménagement.
Aux lieux réguliers tu feras
Dans un maintien toujours décent.
Le silence tu n'y rompras
Que par pur besoin seulement.
Au réfectoire tu prendras
Tes repas toujours sobrement.
Sur les mets ne témoigneras
Jamais de mécontentement.
Au travail tu t'occuperas
Sans excès, sans empressement.
La pauvreté tu chériras,
Comme un très-riche ameublement.
De rien tu ne disposeras
Sans ordre, ou sans consentement.
Tous tes meubles tu soigneras
Dans un parfait détachement.
Par vertu tu observeras
La propreté, l'arrangement.
La chasteté tu garderas
En tout point scrupuleusement.
Par amour tu pratiqueras
L'obéissance aveuglément.
Ta régle tu étudieras,
Pour l'observer fidélement.
Tes supérieurs tu traiteras
Toujours respectueusement.
Ta retraite tu aimeras,
Sans en sortir légerement.
Les séculiers tu ne verras
Que par charité seulement.
Avec eux tu converseras
Toujours religieusement.
Au plus tard tu les renverras
Au pardon très-exactement.

A tes parens ne penseras,
Que pour les hair saintement.
Pour tes confreres tu feras
Humble, doux & compatissant.
Contre eux tu ne conserveras
Jamais aucun ressentiment.
Bon conseil tu leur donneras,
Les aimant pour Dieu tendrement.
Sur ta langue tu veilleras,
Pour la gouverner sagement.
Volontiers tu écouteras,
Et tu parleras rarement.
De tes discours tu banniras
L'égoïsme soigneusement.
Dans ton néant demeureras,
Pour y chercher l'abaissement.
Sans cesse tu mortifieras
Ta volonté, ton jugement.
Pour les charges conserveras
Toujours beaucoup d'éloignement.
De la vie tu supporteras
Les peines courageusement.
A tes défauts déclareras
La guerre sans ménagement.
Ta récollection tu feras
Tous les soirs fort exactement.
Jamais tu ne prolongeras
Les veilles indiscrétement.
En te couchant tu penseras
A la mort sérieusement.
Quand la nuit tu t'éveilleras,
Tu sanctifieras ce moment.
Ton cœur alors tu tourneras
Vers ton Dieu amoureusement.
Dans son sein tu te remettras,
Pour y reposer doucement.
Chaque jour te proposeras
D'agir plus régliérement.
Dans cette voie tu marcheras
Sans tiédeur, sans relâchement.
C'est ainsi que tu parviendras
A voir Dieu éternellement.
En le voyant tu le loueras,
Et l'aimeras parfaitement.

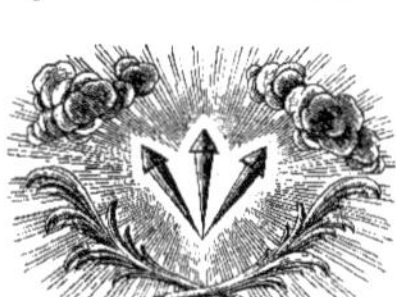

HOC FAC   ET VIVES.

A PARIS, de l'Imprimerie de P. G. SIMON, Imprimeur du Parlement. 1780.

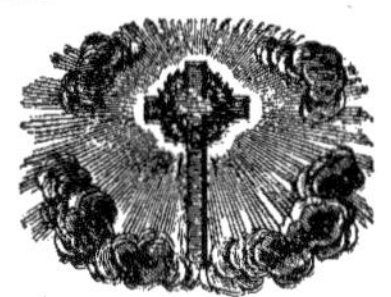

VRAI MIROIR D'UN CHARTREUX.

AUSSITÔT qu'on t'éveillera,
Tu te leveras promptement.
De ton cœur tu consacreras
A Dieu le premier mouvement.
Tes œuvres tu dirigeras
A son honneur uniquement.
Sa grace tu demanderas,
Pour passer le jour saintement.
Quelque priere tu feras,
En t'habillant modestement.
Tes actions tu prévoiras,
Pour agir en tout prudemment
A l'heure tu réciteras
Ton office attentivement.
Chaque jour tu témoigneras
A MARIE un saint dévouement.
Ses grandeurs tu contempleras,
Pour en louer le Tout-puissant.
Aux autres tu inspireras
Pour elle un tendre attachement.
Tes saints Patrons invoqueras,
Ton bon Ange pareillement.
Au temps marqué tu partiras
Pour le chœur sans retardement.
Au Saint-Sacrement tu rendras
Ton hommage sincérement.
Plein de foi tu assisteras
A la Messe dévotement.
Toujours quand tu communieras,
Tu le feras très-fervemment.
Tous les jours la Messe diras
Avec un pieux tremblement.
Alors tu renouvelleras
A Dieu tes vœux joyeusement.
Pour tous ses dons tu lui rendras
Graces continuellement.
A l'Oratoire tu feras
Ton Oraison discrétement.
Pour tes lectures tu suivras
De point en point ton réglement.
Souvent conseil demanderas,
Pour éviter l'égarement.
En rien tu ne te chercheras,
Mais Dieu en tout absolument.

Dans ton ame tu nourriras
Toujours quelque bon sentiment.
Dieu présent toujours tu auras,
Mais au chœur principalement.
A l'Office tu chanteras
Sans un lâche ménagement.
Aux lieux réguliers tu feras
Dans un maintien toujours décent.
Le silence tu n'y rompras
Que par pur besoin seulement.
Au réfectoire tu prendras
Tes repas toujours sobrement.
Sur les mets ne témoigneras
Jamais de mécontentement.
Au travail tu t'occuperas
Sans excès, sans empressement.
La pauvreté tu chériras,
Comme un très-riche ameublement.
De rien tu ne disposeras
Sans ordre, ou sans consentement.
Tous tes meubles tu soigneras
Dans un parfait détachement.
Par vertu tu observeras
La propreté, l'arrangement.
La chasteté tu garderas
En tout point scrupuleusement.
Par amour tu pratiqueras
L'obéissance aveuglément.
Ta régle tu étudieras,
Pour l'observer fidélement.
Tes supérieurs tu traiteras
Toujours respectueusement.
Ta retraite tu aimeras,
Sans en sortir légerement.
Les séculiers tu ne verras
Que par charité seulement.
Avec eux tu converseras
Toujours religieusement.
Au plus tard tu les renverras
Au pardon très-exactement.

A tes parens ne penseras,
Que pour les aimer saintement.
Pour tes confreres tu seras
Humble, doux & compatissant.
Contre eux tu ne conserveras
Jamais aucun ressentiment.
Bon conseil tu leur donneras,
Les aimant pour Dieu tendrement.
Sur ta langue tu veilleras,
Pour la gouverner sagement.
Volontiers tu écouteras,
Et tu parleras rarement.
De tes discours tu banniras
L'égoïsme soigneusement.
Dans ton néant demeureras,
Pour y chercher l'abaissement.
Sans cesse tu mortifieras
Ta volonté, ton jugement.
Pour les charges conserveras
Toujours beaucoup d'éloignement.
De la vie tu supporteras
Les peines courageusement.
A tes défauts déclareras
La guerre sans ménagement.
Ta récollection tu feras
Tous les soirs fort exactement.
Jamais tu ne prolongeras
Les veilles indiscretement.
En te couchant tu penseras
A la mort sérieusement.
Quand la nuit tu t'éveilleras,
Tu sanctifieras ce moment.
Ton cœur alors tu tourneras
Vers ton Dieu amoureusement.
Dans son sein tu te remettras,
Pour y reposer doucement.
Chaque jour te proposeras
D'agir plus réguliérement.
Dans cette voie tu marcheras
Sans tiédeur, sans relâchement.
C'est ainsi que tu parviendras
A voir Dieu éternellement.
En le voyant tu le loueras,
Et l'aimeras parfaitement.

HOC FAC 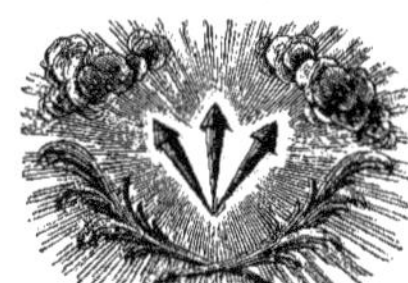 ET VIVES.

A PARIS, de l'Imprimerie de P. G. SIMON, Imprimeur du Parlement. 1780.

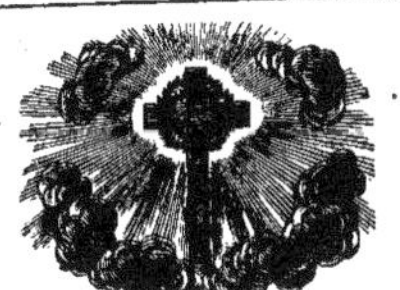

VRAI MIROIR D'UN CHARTREUX.

Aussitôt qu'on t'éveillera,
Tu te leveras promptement.
De ton cœur tu consacreras
A Dieu le premier mouvement.
Tes œuvres tu dirigeras
A son honneur uniquement.
Sa grace tu demanderas,
Pour passer le jour saintement.
Quelque priere tu feras,
En t'habillant modestement.
Tes actions tu prévoiras,
Pour agir en tout prudemment
A l'heure tu réciteras
Ton office attentivement.
Chaque jour tu témoigneras
A MARIE un saint dévouement.
Ses grandeurs tu contempleras,
Pour en louer le Tout-puissant.
Aux autres tu inspireras
Pour elle un tendre attachement.
Tes saints Patrons invoqueras,
Ton bon Ange pareillement.
Au temps marqué tu partiras
Pour le chœur sans retardement.
Au Saint-Sacrement tu rendras
Ton hommage sincérement.
Plein de foi tu assisteras
A la Messe dévotement.
Toujours quand tu communieras,
Tu le feras très-fervernment.
Tous les jours la Messe diras
Avec un pieux tremblement.
Alors tu renouvelleras
A Dieu tes vœux joyeusement.
Pour tous ses dons tu lui rendras
Graces continuellement.
A l'Oratoire tu feras
Ton Oraison discrétement.
Pour tes lectures tu suivras
De point en point ton réglement.
Souvent conseil demanderas,
Pour éviter l'égarement.
En rien tu ne te chercheras,
Mais Dieu en tout absolument.

Dans ton ame tu nourriras
Toujours quelque bon sentiment.
Dieu présent toujours tu auras,
Mais au chœur principalement.
A l'Office tu chanteras
Sans un lâche ménagement.
Aux lieux réguliers tu feras
Dans un maintien toujours décent.
Le silence tu n'y rompras
Que par pur besoin seulement.
Au réfectoire tu prendras
Tes repas toujours sobrement.
Sur les mets ne témoigneras
Jamais de mécontentement.
Au travail tu t'occuperas
Sans excès, sans empressement.
La pauvreté tu chériras,
Comme un très-riche ameublement.
De rien tu ne disposeras
Sans ordre, ou sans consentement.
Tous tes meubles tu soigneras
Dans un parfait détachement.
Par vertu tu observeras
La propreté, l'arrangement.
La chasteté tu garderas
En tout point scrupuleusement.
Par amour tu pratiqueras
L'obéissance aveuglément.
Ta régle tu étudieras,
Pour l'observer fidélement.
Tes supérieurs tu traiteras
Toujours respectueusement.
Ta retraite tu aimeras,
Sans en sortir légerement.
Les séculiers tu ne verras
Que par charité seulement.
Avec eux tu converseras
Toujours religieusement.
Au plus tard tu les renverras
Au pardon très-exactement.

A tes parens ne penseras,
Que pour les aimer saintement.
Pour tes confreres tu feras
Humble, doux & compatissant.
Contre eux tu ne conserveras
Jamais aucun ressentiment.
Bon conseil tu leur donneras,
Les aimant pour Dieu tendrement.
Sur ta langue tu veilleras,
Pour la gouverner sagement.
Volontiers tu écouteras,
Et tu parleras rarement.
De tes discours tu banniras
L'égoïsme soigneusement.
Dans ton néant demeureras,
Pour y chercher l'abaissement.
Sans cesse tu mortifieras
Ta volonté, ton jugement.
Pour les charges conserveras
Toujours beaucoup d'éloignement.
De la vie tu supporteras
Les peines courageusement.
A tes défauts déclareras
La guerre sans ménagement.
Ta récollection tu feras
Tous les soirs fort exactement.
Jamais tu ne prolongeras
Les veilles indiscrétement.
En te couchant tu penseras
A la mort sérieusement.
Quand la nuit tu t'éveilleras,
Tu sanctifieras ce moment.
Ton cœur alors tu tourneras
Vers ton Dieu amoureusement.
Dans son sein tu te remettras,
Pour y reposer doucement.
Chaque jour te proposeras
D'agir plus réguliérement.
Dans cette voie tu marcheras
Sans tiédeur, sans relâchement.
C'est ainsi que tu parviendras
A voir Dieu éternellement.
En le voyant tu le loueras,
Et l'aimeras parfaitement.

HOC FAC   ET VIVES.

A PARIS, de l'Imprimerie de P. G. SIMON, Imprimeur du Parlement. 1780.

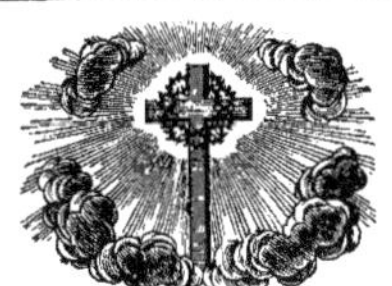

VRAI MIROIR D'UN CHARTREUX.

Aussitôt qu'on t'éveillera,
Tu te leveras promptement.
De ton cœur tu consacreras
A Dieu le premier mouvement.
Tes œuvres tu dirigeras
A son honneur uniquement.
Sa grace tu demanderas,
Pour passer le jour saintement.
Quelque priere tu feras,
En t'habillant modestement.
Tes actions tu prévoiras,
Pour agir en tout prudemment
A l'heure tu réciteras
Ton office attentivement.
Chaque jour tu témoigneras
A Marie un saint dévouement.
Ses grandeurs tu contempleras,
Pour en louer le Tout-puissant.
Aux autres tu inspireras
Pour elle un tendre attachement.
Tes saints Patrons invoqueras,
Ton bon Ange pareillement.
Au temps marqué tu partiras
Pour le chœur sans retardement.
Au Saint-Sacrement tu rendras
Ton hommage sincérement.
Plein de foi tu assisteras
A la Messe dévotement.
Toujours quand tu communieras,
Tu le feras très-fervemment.
Tous les jours la Messe diras
Avec un pieux tremblement.
Alors tu renouvelleras
A Dieu tes vœux joyeusement.
Pour tous ses dons tu lui rendras
Graces continuellement.
A l'Oratoire tu feras
Ton Oraison discrétement.
Pour tes lectures tu suivras
De point en point ton réglement.
Souvent conseil demanderas,
Pour éviter l'égarement.
En rien tu ne te chercheras,
Mais Dieu en tout absolument.

Dans ton ame tu nourriras
Toujours quelque bon sentiment.
Dieu présent toujours tu auras,
Mais au chœur principalement.
A l'Office tu chanteras
Sans un lâche ménagement.
Aux lieux réguliers tu feras
Dans un maintien toujours décent.
Le silence tu n'y rompras
Que par pur besoin seulement.
Au réfectoire tu prendras
Tes repas toujours sobrement.
Sur les mets ne témoigneras
Jamais de mécontentement.
Au travail tu t'occuperas
Sans excès, sans empressement.
La pauvreté tu chériras,
Comme un très-riche ameublement.
De rien tu ne disposeras
Sans ordre, ou sans consentement.
Tous tes meubles tu soigneras
Dans un parfait détachement.
Par vertu tu observeras
La propreté, l'arrangement.
La chasteté tu garderas
En tout point scrupuleusement.
Par amour tu pratiqueras
L'obéissance aveuglément.
Ta régle tu étudieras,
Pour l'observer fidélement.
Tes supérieurs tu traiteras
Toujours respectueusement.
Ta retraite tu aimeras,
Sans en sortir légerement.
Les séculiers tu ne verras
Que par charité seulement.
Avec eux tu converseras
Toujours religieusement.
Au plus tard tu les renverras
Au pardon très-exactement.

A tes parens ne penseras,
Que pour les aimer saintement.
Pour tes confreres tu feras
Humble, doux & compatissant.
Contre eux tu ne conserveras
Jamais aucun ressentiment.
Bon conseil tu leur donneras,
Les aimant pour Dieu tendrement.
Sur ta langue tu veilleras,
Pour la gouverner sagement.
Volontiers tu écouteras,
Et tu parleras rarement.
De tes discours tu banniras
L'égoïsme soigneusement.
Dans ton néant demeureras,
Pour y chercher l'abaissement.
Sans cesse tu mortifieras
Ta volonté, ton jugement.
Pour les charges conserveras
Toujours beaucoup d'éloignement.
De la vie tu supporteras
Les peines courageusement.
A tes défauts déclareras
La guerre sans ménagement.
Ta récollection tu feras
Tous les soirs fort exactement.
Jamais tu ne prolongeras
Les veilles indiscrétement.
En te couchant tu penseras
A la mort sérieusement.
Quand la nuit tu t'éveilleras,
Tu sanctifieras ce moment,
Ton cœur alors tu tourneras
Vers ton Dieu amoureusement.
Dans son sein tu te remettras,
Pour y reposer doucement.
Chaque jour te proposeras
D'agir plus réguliérement.
Dans cette voie tu marcheras
Sans tiédeur, sans relâchement.
C'est ainsi que tu parviendras
A voir Dieu éternellement.
En le voyant tu le loueras,
Et l'aimeras parfaitement.

HOC FAC 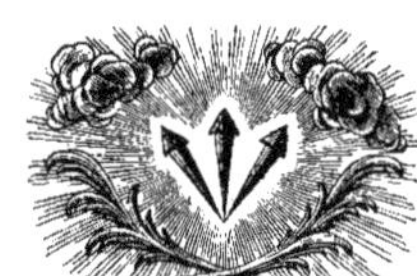 ET VIVES.

A PARIS, de l'Imprimerie de P. G. SIMON, Imprimeur du Parlement. 1780.

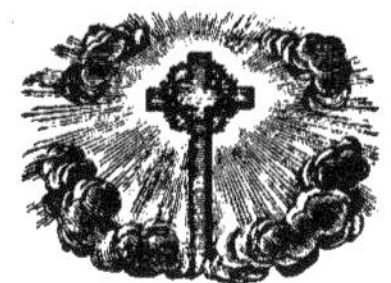

VRAI MIROIR D'UN CHARTREUX.

Aussitôt qu'on t'éveillera,
Tu te leveras promptement.
De ton cœur tu confacreras
A Dieu le premier mouvement.
Tes œuvres tu dirigeras
A fon honneur uniquement.
Sa grace tu demanderas,
Pour paffer le jour faintement.
Quelque priere tu feras,
En t'habillant modeftement.
Tes actions tu prévoiras,
Pour agir en tout prudemment
A l'heure tu réciteras
Ton office attentivement.
Chaque jour tu témoigneras
A Marie un faint dévouement.
Ses grandeurs tu contempleras,
Pour en louer le Tout-puiffant.
Aux autres tu infpireras
Pour elle un tendre attachement.
Tes faints Patrons invoqueras,
Ton bon Ange pareillement.
Au temps marqué tu partiras
Pour le chœur fans retardement.
Au Saint-Sacrement tu rendras
Ton hommage fincérement.
Plein de foi tu affifteras
A la Meffe dévotement.
Toujours quand tu communieras,
Tu le feras très - fervemment.
Tous les jours la Meffe diras
Avec un pieux tremblement.
Alors tu renouvelleras
A Dieu tes vœux joyeufement.
Pour tous fes dons tu lui rendras
Graces continuellement.
A l'Oratoire tu feras
Ton Oraifon difcrétement.
Pour tes lectures tu fuivras
De point en point ton réglement.
Souvent confeil demanderas,
Pour éviter l'égarement.
En rien tu ne te chercheras,
Mais Dieu en tout abfolument.

Dans ton ame tu nourriras
Toujours quelque bon fentiment.
Dieu préfent toujours tu auras,
Mais au chœur principalement.
A l'Office tu chanteras
Sans un lâche ménagement.
Aux lieux réguliers tu feras
Dans un maintien toujours décent.
Le filence tu n'y rompras
Que par pur befoin feulement.
Au réfectoire tu prendras
Tes repas toujours fobrement.
Sur les mets ne témoigneras
Jamais de mécontentement.
Au travail tu t'occuperas
Sans excès, fans empreffement.
La pauvreté tu chériras,
Comme un très-riche ameublement.
De rien tu ne difpoferas
Sans ordre, ou fans confentement.
Tous tes meubles tu foigneras
Dans un parfait détachement.
Par vertu tu obferveras
La propreté, l'arrangement.
La chafteté tu garderas
En tout point fcrupuleufement.
Par amour tu pratiqueras
L'obéiffance aveuglément.
Ta régle tu étudieras,
Pour l'obferver fidélement.
Tes fupérieurs tu traiteras
Toujours refpectueufement.
Ta retraite tu aimeras,
Sans en fortir légerement.
Les féculiers tu ne verras
Que par charité feulement.
Avec eux tu converferas
Toujours religieufement.
Au plus tard tu les renverras
Au pardon très - exactement.

A tes parens ne penferas,
Que pour les aimer faintement.
Pour tes confreres tu feras
Humble, doux & compatiffant.
Contre eux tu ne conferveras
Jamais aucun reffentiment.
Bon confeil tu leur donneras,
Les aimant pour Dieu tendrement.
Sur ta langue tu veilleras,
Pour la gouverner fagement.
Volontiers tu écouteras,
Et tu parleras rarement.
De tes difcours tu banniras
L'égoïfme foigneufement.
Dans ton néant demeureras,
Pour y chercher l'abaiffement.
Sans ceffe tu mortifieras
Ta volonté, ton jugement.
Pour les charges conferveras
Toujours beaucoup d'éloignement.
De la vie tu fupporteras
Les peines courageufement.
A tes défauts déclareras
La guerre fans ménagement.
Ta récollection tu feras
Tous les foirs fort exactement.
Jamais tu ne prolongeras
Les veilles indifcrétement.
En te couchant tu penferas
A la mort férieufement.
Quand la nuit tu t'éveilleras,
Tu fanctifieras ce moment.
Ton cœur alors tu tourneras
Vers ton Dieu amoureufement.
Dans fon fein tu te remettras,
Pour y repofer doucement.
Chaque jour te propoferas
D'agir plus réguliérement.
Dans cette voie tu marcheras
Sans tiédeur, fans relâchement.
C'eft ainfi que tu parviendras
A voir Dieu éternellement.
En le voyant tu le loueras,
Et l'aimeras parfaitement.

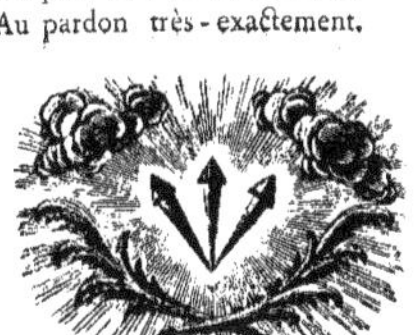

HOC FAC ET VIVES.

A PARIS, chez P. G. Simon, Imprimeur du Parlement, 1780.

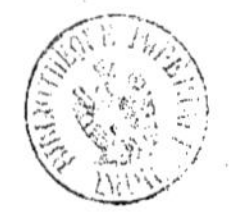

9 782019 911621